JN138789

# ゴルフが
# もっと
# 好きになる
# 900の川柳と
# 300の名言

Golf ga motto sukininaru 900 no senryu to 300 no meigen

Sato Koushi Senryu Collection

佐藤幸史

新葉館出版

もくじ

ゴルフが
もっと好きになる
900の川柳と
300の名言

# ゴルフが<br>もっと好きになる<br>900の川柳と<br>300の名言

# 1番ホール

# 同じほう向いて打つのに散る四人

予約したとたんに雨になる予報
明日ゴルフ遠足前の子に戻る
腕磨きウエアもキメて朝の雪
ゴルフ場まだミスのない朝が好き

## ゴルフの名言　グリップ

- ゴルフは、グリップに始まりグリップに終わる。（古諺）
- ゴルファーはグリップを見ただけで腕前がわかる。（作者不明）

PAR 4
同じほう 向いて打つのに散る四人

ゴルフ場歩けるだけで儲けもの
スマホ切り時計を外し自由人
受付の綺麗な人とまわりたい
朝元気崩れるまでのカラ元気

## ゴルフの名言　グリップ

- 多くの場合、方向に難点のある人は、スウィングよりもグリップが悪い。
（ハリー・バードン）

- 上級者のグリップが美しいのではない。美しいグリップの持ち主だから上級者になれたのだ。
（アルヌー・マッシー）

ミニスカでティーアップされ目はあわて

目のやり場困るフリして見るショット

すそ乱れ視線分かれるティーショット

ハラハラとさせてド派手なティーショット

**ゴルフの名言** **グリップ**

良いゴルフは良いグリップから始まる。グリップの悪いプレーヤーに良いスイングが出来るはずがない。

（ベン・ホーガン）

ティーアップしてないうちの絶口調
ブンブンと素振りのうちは勇ましい
野球では三振すればアウトです
素振りでは石川遼になっている

## ゴルフの名言 グリップ

醜いグリップの人に上手なゴルファーはいない。上手な人は握り締めずともしっかりと握れていて、きっちりとクラブを操れるグリップになっている。

（中部銀次郎）

あと少し生きてみるかとティーを刺す

ティーアップして思い出す忘れ物

まかしとけ啖呵を切って第一打

この後を知ってるようにカラス鳴き

**ゴルフの名言** **グリップ**

誰にでも合う理想的なグリップなど存在しない。なぜならば一つとして同じ形の手などないからだ。 （ハービー・ペニック）

無茶振りは今日イチなのかOBか
無茶振りが今日イチだったことはなし
上機嫌打ったとたんに不機嫌に
饒舌が沈黙になる第一打

## ゴルフの名言　リズムとタイミング

ゴルフでは、最も簡単なことが最も難しい。即ち、「力を抜け」と「ゆっくり振れ」。
（ヘンリー・コットン）

行き先は知らないけれどティーショット
もしやからやっぱりになるティーショット
第一打いきなりアッパーカットされ
五万円たった一打で色あせる

## ゴルフの名言　リズムとタイミング

ゴルフでは「力を抜く、ゆっくり振る」ことが命題でかつ難しい課題といえる。それにしてもあなたの両腕には力が入りすぎている。

（グレナ・コレット）

イメージはウッズ気取りで満振りし
ウッズとは林だったと思い知る
イメージが打ったとたんにダメージに
まず林そして出すのが美学です

## ゴルフの名言 リズムとタイミング

第一流のプレーヤーたちのスイングを見れば見るほど、私はゴルフのスイングにおける最も重要なただひとつの要素は、リズムであるということを信ぜずにはおれない。 (P・ワード・トマス)

ナイスショーッその気にさせてほめ殺し
ナイスショーッまぐれ当たりの丁寧語
ナイスショーッ妻とハグして叱られる
ドライバー一番キズが付いている

## ゴルフの名言　リズムとタイミング

リズミカルに振ることを忘れなければ大きなミスショットをしなくてすむ。とんでもないトラブルにおちいる人は、すべてリズムをおかしくしている。

（ジーン・リトラー）

真っすぐな球だけ打てぬドライバー
振り回し振り回されるドライバー
みぎひだり回して使うドライバー
友はみぎ俺はひだりで妻あいだ

**ゴルフの名言** **リズムとタイミング**

- ゆっくり上げて、ゆっくりおろせ (Slow back, Slow down) （古諺）
- ゆっくり大きく振れば、ボールは飛ぶ。 （ジャック・ニクラス）

打ち方は知っていたんだ打つ前は

師匠から聞いた秘訣は朝忘れ

身に付いた秘訣が消える第一打

二打目から各駅停車して進む

## ゴルフの名言　リズムとタイミング

- 遠くへ飛ばそうとしなければ、ボールは遠くに飛ぶ。
（サム・スニード）

- スイングにリズムを与えるためには、ボールを遠くへ飛ばそうという考えを忘れて練習することだ。
（エド・オリバー）

飛ばぬ日はボール飛ばさずギャグ飛ばす
飛ばぬ奴帰り道では飛ばす奴
ボールより車を飛ばすドライバー
持ち球を聞かれて困る変化球

**ゴルフの名言** **リズムとタイミング**

いつも同じスピードでクラブを振るフィーリングが大切。それがリズミカルなスイングを生み、ヘッドスピードを高めることにつながる。

（ジャック・ニクラス）

同じほう向いて打つのに散る四人
フェアウエイだけ迂回していく四人
カートには俺は乗れずに走り出す
フェアウエイ歩けるだけでドヤ顔に

**ゴルフの名言** **リズムとタイミング**

スイングしている途中に、たまたまボールがあるという意識でスイングすればいい。
（サム・スニード）

第二打は一番先に俺が打つ
球に聞けスライスフックドテンプラ
スイングをなぜほめないで音ほめる
この俺をなぜほめないで妻ほめる

ゴルフの名言 リズムとタイミング

- ゴルフの秘訣は歩くリズムにある。 (ジャック・ニクラス)
- 歩くリズムが一定していれば、スイングのリズムも一定する。 (中部銀次郎)

ハイ・ドロー テンプラ・フックそう呼ぶな
スライスをオレのフェードと呼ぶあいつ
オムライス食べたあいつのドスライス
エビフライ食べてからあげドテンプラ

## ゴルフの名言　リズムとタイミング

よいプレーをするために必要なことは、いつも同じリズムで歩き続けること。そしてトラブルショットの場面でも笑顔を忘れないことである。

（リー・トレビノ）

テンプラのボール遥かな山も越え
遥かなる山並越えてそこにある
雪山をまたいで見せたドテンプラ
テンプラの行方くらます雪の山

## ゴルフの名言　リズムとタイミング

- 「あんたには、リズムがないんだよ。」（ガーシュインに「どこが悪いんだ？」とたずねられて）
（作曲家ジョージ・ガーシュインのキャディをつとめた少年の言葉）
- 素振りだけを見ると、どんな下手なゴルファーでも上手に見える。
（アンドラ・カーカルディ）

テンプラが飛行機雲に跳びかかる

筋肉はあるのに飛距離ない矛盾

飛距離では負けて高さでやり返す

ドラコンは高さ競えばオレの勝ち

## ゴルフの名言　リズムとタイミング

- ショットを狂わせるのは、スイングのメカニズムではなく、リズムがないからである。（デービッド・グラハム）

- ボールを「打つ」人は「振り抜く」人に較べてリズムの感覚が欠けている。（ボビー・ジョーンズ）

パープレーできそうだった三打前
振り向けば前向きだった四打前
松山と同じクラブでシャンクする
うなだれて歩く背中にそっと風

## ゴルフの名言　リズムとタイミング

- 力では飛ばない。タイミングで飛ばすのだ。（ウォルター・シンプソン）
- よいタイミングは、決して急いだスイングからは生まれない。（ボビー・ジョーンズ）

あわてるな十七ホール残ってる

偶然の一打が飛んで有頂天

まぐれでも一発飛んで胸を張り

偶然の一打で晴れた今日の憂さ

## ゴルフの名言 リズムとタイミング

- なぜ速くクラブを振り上げようとするのか、頭上にボールがあるわけじゃなし。
（ベン・ホーガン）

- 速く振る人に未来はない。ゆっくり振ればメシのタネになる。
（ゲーリー・プレーヤー）

ヘボゴルフたまには飛んで病みつきに
宝くじよりは出ている大当たり
一発の大当たりさえあればいい
馬鹿っ飛びするのはいつも暫定球

**ゴルフの名言** **リズムとタイミング**

一般ゴルファーはおしなべてバックスイングを急ぐ傾向があるが、急いでもなんの利益もない。なぜならボールは頭の上にあるのではないからだ。

（ハリー・バードン）

適当に打てば馬鹿飛びする不思議
馬鹿当たり飛んだ理由がわからない
打ち方を聞かれて困る馬鹿当たり
馬鹿飛びが飛行機雲を描く夢

ゴルフの名言　リズムとタイミング

非常に速いバックスイングをするものに、一流のプレーヤーはいない。クラブヘッドのスピードは必要だが、バックスイングのときは、まだその必要はないのだ。

（ダイ・リース）

間違いが組み合わさって出たまぐれ
やけくそをナイスショットと言われても
偶然かまぐれあたりか気まぐれか
「もう一度出たらいいね」はほめてない

## ゴルフの名言　リズムとタイミング

山ほどのゴルファーを見てきたが、クラブを遅く振りすぎる者はいなかった。しかし、ミスショットの99.9パーセントは、早振りに原因がある。

（ボビー・ジョーンズ）

大当たり二度あることは二度とない

練習の成果を運と言うあいつ

飛ばす時昔の俺に打たせてる

飛ばし屋の昔の俺もＯＢ屋

## ゴルフの名言　スイング

ゴルフでは、よい人柄とよいスイングしか役に立たない。
（ジャック・ニクラス）

歳をとったら、いいスイングしか役に立たない。打ちにいってはならない。しっかりと大きく振り抜くだけだ。
（サム・スニード）

# 2番ホール

# OBの一つや二つ三つ四つ

ＯＢの軌跡はなぜか美しい

ＯＢが放物線を描いた空

ＯＢも六発目には吹っ切れる

吹っ切れて開き直ってまたＯＢ

ゴルフの名言　スイング

- アドレスの自分なりの手順を確立せよ。（ジャック・ニクラス）
- ゴルフはアドレスに始まりアドレスに終わる。ショットの成否はほとんどアドレスにかかっている。（中部銀次郎）

ＯＢに手を振るように揺れる旗

ＯＢを右と左に打ち分ける

ＯＢの後に飛びだす今日一番

ＯＢを避けて刻んでダブルパー

### ゴルフの名言　スイング

ボールの後ろに立ち、目標とボールを打ち出す方向を確認し、アドレスではその方向に自分の構えが向いているかどうかをチェックする。

（ベルンハルト・ランガー）

ナイッショを打ち消しながらフォアーの声
フォアーと鳴くカラスの野郎しばいたる
フォアーの声　隣は何をする人ぞ
キャーの声　後ろは何をする人ぞ

**ゴルフの名言**　　**スイング**

ボール位置は自分でボールが当たりやすいところを探すしかない。
（中部銀次郎）

四番打者期待に応え場外へ
野球ならファウルと言えば済むものを
暫定の暫定打つと次は何
風に乗りボールも金も飛んでいく

ゴルフの名言　スイング

胴体の動きで両腕を振る。両手はクラブを握っているだけ。
（ベン・ホーガン）

手首を固くすると鋭く振り切れない。（ジャック・ニクラス）

ＯＢだふりさけ見れば遥かなる

ＯＢだ目にはさやかに見えねども

ＯＢと共に何かが飛んでいく

ＯＢも右と左の夫婦仲

**ゴルフの名言**　**スイング**

ゴルフは左手のゲームである。しかし、100人のうち99人は右手でプレーしている。（トミー・アーマー）

白杭の向こうで招く山桜
会心のショットが越えた白い杭
ＯＢを知ったかカラス三度鳴き
ＯＢを見下して鳴くカラス二羽

ゴルフの名言　スイング

ゴルフスイングで右手がききすぎるという本能的傾向を抑制するのは、ゴルファーにとって永久の戦いである。（ジョージ・ダンカン）

大丈夫ＯＢ二発打っただけ

ＯＢの一つや二つ三つ四つ

ＯＢが怖くてゴルフできますか

ＯＢは何発打てば消えますか

## ゴルフの名言　スイング

ほとんどのゴルファーは、力は大きなバックスウィングによって生まれるという勘違いをしている。（ジャック・ニクラス）

振り抜けば雪山越えてボール消え
もののけがそよとボールを運び去り
さよならも言わずに球は行きました
こらボール先立つ不孝詫びていけ

## ゴルフの名言　スイング

バックスイングには、究極的なトップオブスイングというものはない。クラブが通常トップオブスイングといわれるところへ達するまでには、すでにダウンスイングははじまっているのだ。

（ベン・ホーガン）

昼ビール憂さとＯＢラッパ飲み

ＯＢもホメ殺してる昼ビール

ＯＢも呑み込んでいる昼ビール

ＯＢもチョロもダフリも飲むジョッキ

## ゴルフの名言　スイング

- ダウンスイングは、脚と腰が動きだす前に、手と腕でやってはいけない。（ジャック・ニクラス）
- 長続きの秘訣は、脚で打つこと。（サム・スニード）

炎天に身を焦がしつつ打つＯＢ

飛ばし屋のＯＢについほくそ笑み

ＯＢもヨイショのネタにしてゴルフ

言葉にもＯＢのある我がゴルフ

## ゴルフの名言　スイング

- ボールを埋め込むように、ボールの肩をたたけ。（青木功）
- すべてのゴルフスイングは下向きにボールを打つもので、すくい上げる打ち方はない。（サム・スニード）

ボールツクヅクオシと法師蝉

ボール消え名残を惜しむ蝉しぐれ

ボール消え落ち込む肩に雨と風

落ち込むな無いよりましだカラ元気

ゴルフの名言 スイング

ドライバーからショートアプローチまで、スイング中は左肘を地面に向けよ。

（青木功）

消え去ったボールの後の山の柿
球さがし森林浴に切り替える
球さがし山菜さがし兼ねている
球さがし自分さがしのような気に

**ゴルフの名言**　　スイング

体をひねって、そのあと思い切り叩くとボールが遠くへ飛んでいく。両手だけで叩いても遠くへは飛ばない。　（トム・ワトソン）

今日イチが飛び過ぎ越えた白い杭

白杭はまむし注意の札の横

ＯＢのボール寄りそう毒キノコ

にこにこと「ここに居ました」キャディ言い

## ゴルフの名言　スイング

- ボールが高く上がるのは、プレーヤーが上げるのではなく、クラブヘッドのロフトが上げるのだ。（ジョニー・レポルタ）
- あなたのクラブに仕事をさせよ。（古諺）

# 3番ホール

# ラフでなく裸婦ならいいとラフに泣く

ボールにもキャディさんにもノータッチ

キャディさん一度はしたいハイタッチ

ミス続き可愛いキャディ独り占め

そりゃないよみんなで払うキャディフィー

## ゴルフの名言　スイング

- 顔を早く上げるとフォローは小さくなる。（グレッグ・ノーマン）
- フィニッシュで体勢が崩れるほどクラブを振ってはいけない。（ベン・クレンショー）

音だけはナイスショットを連発し
行き先を問わねばたぶんいいショット
今日イチの次はどうしてミスショット
会心の当たりはいつもチョロのあと

ゴルフの名言　スイング

無理に力を入れてはならないということは、究極において、ゴルフスイングの最高無二の秘訣である。

（サム・スニード）

真っすぐに打ったつもりの斜め打ち

方向が狂った球は止まらない

悔しいと痛いが同居するショット

才能は隠せないねとミス笑い

## ゴルフの名言 スイング

近代スイングとは、運動の節約ということである。

（ハーバート・ウィンド）

理想的なスイングとは、ひっきょう自然で単純であることだ。

（サム・スニード）

予備ボール余分の予備と予備の予備
予備ボール使い果たして殺気立つ
あいとみかイメージしても散るさくら
ヒデキ見てマキロイ真似てこのスコア

ゴルフの名言　スイング

究極的には、よいゴルフのインストラクションとは、スイングにおける複雑性をとりさることだ。（アーネスト・ジョーンズ）

打つ前の頭の中はプロらしい
不可能か可能か知らぬただ一人
「どこ狙う？」狙える腕になって聞け
スイングの邪魔をするなと腹に言う

**ゴルフの名言** スイング

スイングはシンプルなもの。なるべくシンプルに考える。そうしないとスイングの深みにはまって抜け出せなくなる。（中部銀次郎）

一打ずつ慎重に打つミスショット
ミスショット腹の立つ日と笑える日
「考えるゴルフ」考え過ぎてミス
スコアなど忘れボールと戯れる

## ゴルフの名言　スイング

- ゴルフスイング中に考えられることはせいぜいひとつだけ。
（サム・スニード）

- スイング中に何も考えないようになれば、それ以上の素晴らしいスイングはない。
（ジャック・ニクラス）

アドレスとグリップすでにミスショット
構えれば約束されたミスショット
ミスショット構えたときは手遅れに
大丈夫打つまではまだミスじゃない

## ゴルフの名言　スイング

高速カメラやテレビは、スイングをはっきり分析することができるが、プレーヤーがなにを考えているかはわからない。

（ヘンリー・ロングハースト）

ミスするとすぐまた浮かぶ次のミス
ミスだけが頭に浮かぶようになり
イメージしイメージ通りミスをする
ミスショット打ち消すように次もミス

## ゴルフの名言　スイング

むかしのゴルファーは少ないクラブでいろいろ違ったスイングをしたが、現代は多くのクラブを使って同じスイングをする。

（バーナード・ダーウィン）

ミスをして取り戻すためさらにミス

取り戻すつもりで打って取り乱す

得意です苦手クラブのミスショット

藤棚の熊ん蜂までブーイング

## ゴルフの名言　スイング

どんなバカでもスライスは出せるが、フックが出せれば、ゴルフも一人前。

（古諺）

ダウンブローターフの後にボール打ち
ボールよりターフが飛んでいく不思議
地の虫にいきなり見せる蒼い空
夏草やつわものどもがダフリ跡

## ゴルフの名言　　スイング

私はこの（筆者註・右ページの）諺を全面的には信じない。なぜなら私は、これまでにフックを出すバカをたくさん見たし、また上手なゴルファーが突然ひどいスライスを出すのを何度も見たからだ。だが、一般ゴルファーでフックを出せるものが少ないことは確かな事実だ。

（ビル・コックス）

力むほどボール飛ばずにターフ飛び

力み過ぎボール上がらず息上がる

斬られそうボールの前の芝ふるえ

踏まれても切られても立つ芝の意地

## ゴルフの名言　スイング

私の一番のルールは「良い方向を伴わない飛距離は、まったく飛ばない場合より悪い。」というものだ。（ナンシー・ロペス）

いくらでも刈っていいぞと深いラフ
好きなだけ泳いでみろとラフの海
夏のラフいやですダメよいけません
もがくほど深みにハマる夏のラフ

**ゴルフの名言** **スイング**

特に大切なのは一番ホールのティショットである。全力を出さず、自分の力の五十〜七十パーセントくらいの力配分でクラブを振っていくこと。その気持ちが一番ホールを無難に通過させる。

（ジャック・ニクラス）

ラフでなく裸婦ならいいとラフに泣く

ラフがへたクラブ捌きもラブもへた

ラフ無くせバンカー埋めろ木も切れよ

ボール無く腹立つラフの秋の夕暮れ

## ゴルフの名言　スイング

ドライブは見せるため、パットはゼニのため。

（Drive for show, Putt for dough.）　（作者不明）

（You drive for show, but putt for dough.）　（ボビー・ロック）

ラフでなく裸婦ならいいとラフに泣く

悔しさを風になびかす秋のラフ
追うけれどボールはラフでかくれんぼ
深いラフどこで抱かれる我がボール
こらボールここにいますと言わんかい

## ゴルフの名言　スイング

"ドライブは見せるため、パットはゼニのため。" というようなバカげた言葉を信じるものは、近代ゴルフを理解しないものだ。

(ゲーリー・プレーヤー)

ゴルフとは芝刈り穴掘り砂遊び
芝刈りと穴掘りをして金払う
炎天下金を払って野良仕事
あやつれぬ球とクラブにあやつられ

## ゴルフの名言　スイング

“ドライブは見せるため、パットはゼニのため。”というのは、もはや真実ではない。低いスコアを争う高額のマネートーナメントでは、ドライブこそがマネーショットとなるのだ。

（アーノルド・パーマー）

# 4番ホール

# オチツケヨ
# その言い方が
# 落ち着かぬ

「調子どう？」ゴルフ以外は絶好調
俺の番どうしてみんな後ずさり
俺が打つ前を横切るいい度胸
前を行くヤツに狙いをつけてみる

## ゴルフの名言　アプローチ

- どんなレベルのゴルファーでも、最も重要なショットはアプローチである。（中部銀次郎）
- スイング主体の練習より、アプローチに時間とお金をかけよ。（青木功）

オチツケヨその言い方が落ち着かぬ
ソレデイイその言い方はほめてない
ほめられた素振りのあとのミスショット
沈黙がなぐさめよりも痛かった

## ゴルフの名言　アプローチ

- ゴルフのスコアの六十パーセントは、ピンから百二十五ヤード以内で打たれたものである。 （サム・スニード）
- 本気でスコアを縮めたいのなら五、六十ヤードの練習に精を出すこと。必ずスコアはよくなってくる。 （ジャック・ニクラス）

友のミス笑ったあとのオレのミス
ミスすると友の笑顔が増えている
ミスをして安心させる友がいる
友のミスついほくそ笑むオレもいる

## ゴルフの名言 アプローチ

95でまわる人が90になるのは、多分スライスを直すことができたからだ。87が81になるのは、ティーショットの飛距離を20ヤード伸ばしてパーオンの確率が増えたからだろう。しかし、75でまわる人が72を出すには、ショートゲームの上達以外には方法がない。

（ハービー・ペニック）

「パーでした」たまに取れると高い声
いやいやと言うけど顔はドヤ顔に
性格がスコア次第で変わる人
戯れに青い地球も打ってみる

ゴルフの名言　アプローチ

ゴルフはゴロフ。グリーンまわりでは転がしこそ最善の方法。

（青木功）

ヨイショしてほめ合うけれどみんなダボ

実力をスランプというウブな奴

ウブだなあそういう君はヤボだなあ

ヘタクソを奥が深いと言い訳し

**ゴルフの名言** **アプローチ**

ロフトが寝ているクラブでのアプローチはミスが多い。アマチュアはロフトの立っているクラブで、できるだけ転がせ。パターでいけそうならパターを使え。

（青木功）

下手だけど言い訳だけは聞き上手
下手だけどいつも笑顔の友がいる
下手だけど音と素振りはほめられる
下手だからアメとおだてにはめられる

## ゴルフの名言　アプローチ

グリーン周りから必ずウェッジを使う気どりやがいる。パターで転がすのは沽券にかかわるとでも思っているのか、そんな人を私は信用しない。

（ダイ・リース）

言い訳の仕方も学ぶゴルフ道

ボロボロのゴルフにトドメ刺す助言

気にするな君はおそらくプロじゃない

「不振です」君はとっくに不審です

## ゴルフの名言 アプローチ

- スランプ脱出はアプローチで。 (セベ・バレステロス)
- アプローチでもラインを読め。 (ジョニー・ミラー)

ゴルフよりしゃべりの方で絶口調
スコアでは負けて口では負けてない
調子出ず冗談だけは名調子
調子良くなったとたんの稲光り

## ゴルフの名言 アプローチ

- アプローチとパットは同じ要領で打て。（トム・ワトソン）
- ピンに近づくほどグリップは強い。（ジャック・ニクラス）

変てこなスイングなのに球すなお
しっかりと刻み性格表れる
悔しさの数だけ百を越していく
百を切る前にこちらが百になる

## ゴルフの名言　アプローチ

- チップショットはクラブを短く持ってゆっくり打つ。
（ジャック・ニクラス）

- アプローチでは、足はオープンでも肩はスクエアに。
（ゲーリー・プレーヤー）

よく飛ぶね八十歳にほめられる
八十がエージシュートでハナになる
いつまでも若いねと年上が言う
病から戻った人の打つ一打

**ゴルフの名言** アプローチ

アプローチでは、全体重を左足内側に固定して打つ。
（ジャック・ニクラス）

アプローチでは、手首を使わず両肩の動きで打つ。
（ベン・クレンショー）

肩書きをヨイショが囲みやかましい

ＯＢにそれでもやはりするヨイショ

肩書きも松ぼっくりも蹴り飛ばす

ヨイショせずだけどヨイショと乗るカート

ゴルフの名言　アプローチ

青木のスイングは一般アマチュアゴルファーみたいに見えるが、百二十五ヤード以内のショートゲームでは、彼はまちがいなく世界の十人の名手のなかに入るだろう。

（ヘンリー・コットン）

# 5番ホール

# 春うらら
# ボタンをひとつ
# はずします

胸弾む春のゴルフの第一打

胸弾むミニの彼女と春が好き

弾む胸邪魔にならぬか心配し

春うららボタンをひとつはずします

**ゴルフの名言** **バンカー**

バンカーショットは、最もやさしいショットである。なぜならボールすら打たなくてもいいのだから。 (ジャック・バーグ)

蝶が来てボールにとまる春爛漫
オイそれは俺のボールだ春の蝶
蝶が来てせかすも咲かぬ我がゴルフ
飛ばぬならそのまま打つぞ球の蝶

## ゴルフの名言　　バンカー

バンカーではボールを出すことだけを考え、完璧なショットをしようなどと考えてはいけない。（スコット・シンプソン）

ひらひらと球のあとさきアゲハ蝶

目はボール追いかけもせず蝶と舞う

白杭も池も林も蝶は越え

蝶々よ永久(とわ)の刹那を球と飛べ

ゴルフの名言　バンカー

バンカープレーに対する私のアドバイスは、次の通りだ。「けっして欲ばってはいけない。ボールを出すだけで満足せよ。」

（ハリー・バードン）

スコアなど忘れていたい春の風
くしゃみして鼻水たらす春来るな
散り急ぐ花にもなれぬ我がゴルフ
また逢えた桜一瞥して進む

## ゴルフの名言　　バンカー

- ヘッドのソールを砂にぶつけていく。（トム・カイト）
- バンカーはスタンスとフェースを開いて脱出する。（ジャック・ニクラス）

勝ち負けもスコアも消えて山桜

春雨にアイツと濡れるあほらしさ

悪あがきやめてのどかに芝散歩

澄みわたる空に一点白い球

**ゴルフの名言** **バンカー**

- バンカーでは手首を使いすぎてよい。 (ジャック・ニクラス)
- バンカーでの大叩きは、ボール位置の間違い。 (ジャック・ニクラス)

ウエアーが薄く短い夏が好き
彼女より後ろからいく夏ゴルフ
炎天下芝生の上の夏祭り
夏の空コインがひとつ落ちている

## ゴルフの名言　　バンカー

バンカーショットで大切なことは、技術的な細目を覚えることよりも、それを実行する勇気である。(ジーン・サラゼン)

猛暑日だそれでも空の下にいる

帽子取る頭に夏がもうひとつ

振りまわす顔が一番暑苦し

振りまわすたびに飛び散る汗と愚痴

## ゴルフの名言　バンカー

- バンカーなんてよぉ、上げて下ろせば出るんだぜ。（青木功）
- 入れていいバンカーと、入れてはいけないバンカーがある。（中部銀次郎）

もうあかん一杯飲まなもうあかん
良いスコア麦酒とともに泡と消え
ダメスコア飲めば忘れる夏ゴルフ
ゴルフでも飲酒運転事故の元

## ゴルフの名言　パット

- もし上達がお望みならば、1メートルのパットばかり練習しなさい。（アーネスト・ジョーンズ）
- パットの上手な者は、ゴルフについて半分も悩まない。（フィル・ガルバーノ）

降るように大声援の蝉しぐれ

ボール打つ音だけ響く蝉しぐれ

打つ音が炸裂しても蝉の声

乱れても取り乱しても蝉の声

## ゴルフの名言 パット

- パットのよいタッチはすぐに忘れる。だからパターだけは毎日必ず持つ。（リー・トレビノ）
- ゼニはグリーンに落ちている。（ジーン・サラゼン）

そよぐ芝きらめく海を見てゴルフ
荒波を越えてつき出すパー3
ドフックのボール飛び込む日本海
ミスショット水平線でつい忘れ

## ゴルフの名言

パット

生徒にパットの重要性を理解させるのは難しくない。難しいのは、彼らにパットの練習をさせることである。　(ジョン・ダンカン・ダン)

白球を突き刺している夏の空

スライスもフックも飲んで夏の雲

残日や四人を包む蝉しぐれ

芝刈りの思い出残し夏がゆく

## ゴルフの名言　パット

もしゴルファーが、六日間一日に十分ずつパッティングの練習をすれば、一週間に一度まとめて六十分練習するよりもはるかに上達が早い。

（レズリー・ショーン）

土砂降りだそれでも芝の上にいる

雨の日はバッチャバッチャと芝を刈る

雨の日のゴルフ哀しい昼ビール

言い訳にできるほどには降らぬ雨

## ゴルフの名言　パット

- パットラインを読みとるのは、常に第一感が正しい。（ヘンリー・コットン）
- パットは最初の印象を大事にして考えをまとめる。（中部銀次郎）

雨宿り茶店で愚痴をこぼし合い

やっと着たレインウエアに雨上がる

里山の色づく秋を見てゴルフ

やわらかな秋の陽射しのフェアウエイ

## ゴルフの名言

パット

パットのラインは第一印象が正しく、修正するとたいてい失敗する。

（ケリー・ミドルコフ）

紅葉に白いボールが浮いて飛び

クラブ手に枯れ葉掻き分け芝散歩

スコアから移した目には赤トンボ

赤トンボチョロとダフリを見て泳ぎ

## ゴルフの名言　パット

- 耳でパットせよ。(Put with your ears.)　(ジャック・ホワイト)
- パットは目で追わず耳で聞け。　(デビッド・レッドベター)

三打目を見下ろしていた白い月

青空の月に寄り添うボールかな

大空に雲ひとつなく大たたき

夕焼けの飛行機雲を越えて打つ

**ゴルフの名言** パット

- とどかなければ、入らない。（Never up, never in.）（トム・モリス）
- 大胆にパットするものには、カップは非常に大きく見えるものだ。（ウォルター・シンプソン）

**PAR 4**
春うららボタンをひとつはずします

木漏れ日がゆらめく芝の赤トンボ
木漏れ日にボール紛れて秋の風
着ぶくれのせいだと言える冬が好き
雨降るな祈り通じて雪が降る

**ゴルフの名言** **パット**

パッティングは、ボールの横で距離にあった素振りをし、そのフィーリングが残っているところでストロークする。

（ジャック・ニクラス）

大雪だそれでも電話掛けている

雪解けて胸いっぱいのゴルフかな

雪やんで俺は枯野を駆け廻る

冬ゴルフ今夜は鍋にするつもり

**ゴルフの名言**　**パット**

パットがショートめになっている場合はほとんどグリップがゆるんでいる。距離の短いパットほど、きちんと握ることが大切。

（トム・ワトソン）

残雪にボール紛れて日も暮れて
三ホール残し冷たく雪が降る
金出して濡れて震える冬の雨
どうせなら雪にならぬか冬の雨

## ゴルフの名言　パット

OKは甘えである。甘えは必ず厳しく返ってくる。上達したければどんなときでもOKしない。（中部銀次郎）

木枯らしに冬眠もせずゴルフ場

寒風に立ち向かいつつ逆らわず

寒空にたちまち消える球と音

木枯らしに身を切られつつ百切れず

## ゴルフの名言 パット

5メートルのバーディパットが一発で入れば、金がなくても一日幸せだ。
（バーナード・ダーウィン）

# 打つ時は静かにしろとカラス鳴き

打つ時は静かにしろとカラス鳴き

俺が打つ時に限って鳴くカラス

木にボールカラスと俺のにらめっこ

ボールだと思って行くと毒キノコ

## ゴルフの名言　パット

パットと政治はよく似ている。どちらも想像力と決断力の勝負だが、いずれにしてもうまくいったためしがない。

（ウインストン・チャーチル）

頼むぞとボールに言ってひっぱたく
たたかれてひっぱたたかれてボール拗ね
空中で素直なボール気が変わり
たたかれて家出した子の名を叫ぶ

## ゴルフの名言　パット

パットの上手な人にはデリカシーというものがある。デリカシーの反対は無神経だが、これは犯罪だ。（ハービー・ペニック）

見渡すなどこにも行かずそこにある
叩いても殴ってもまだそこにいる
力んでもあせってもなおそこにいる
よく飛んだはずのボールはひとの球

## ゴルフの名言　パット

単調で平坦なグリーンでのパッティングは、プレーヤーの洞察力や技巧になんら寄与しない。そこに見られるのは、ただ単にありふれた紋切り型のパッティングにすぎないのだ。（チャールズ・マクドナルド）

第二打に何か言いたい木のカラス
ドヤ顔が変顔になる第三打
ボチボチと上向くはずの第四打
目は覚めずボールも追えず夢を追う

ゴルフの名言　パット

パッティングの上手下手を決める尺度は、ここ一発を入れるかどうかということではなくて、それを十発のうち何回入れるかというパーセンテージである。

（ウォルター・ヘーゲン）

フェアウエイ方向音痴の散歩する

フェアウエイ必ず一度チョロを打つ

フェアウエイ憎いカラスを狙い打ち

フェアウエイ今日もボールと鬼ごっこ

## ゴルフの名言　パット

私は、ちょっとした注意力さえあれば防げる過失を性こりもなく何度もくり返したり、自分の失敗にクサってプレーをなげるようなプレーヤーを軽蔑する。最後のパットを入れるまでベストをつくすことができないような人を、軽蔑しないではいられない。

（ボビー・ジョーンズ）

フェアウエイカート残されホーホケキョ
フェアウエイ離れてそっとするオナラ
ごくたまに真っすぐいくと距離足りず
真っすぐが続くとなぜか物足りず

ゴルフの名言　パット

- 最後のパットが入るまで、ゲームは終わっていないのだ。（古諺）
- 最後のパットが決まるまで、何が起きても不思議はない。（ゲーリー・プレーヤー）

近道のつもりで進む回り道

遠ざかるような気がするあのグリーン

たどり来て未だ山麓さえ見えず

山路来てなにやらおかしブチキレそう

## ゴルフの名言　パット

カップの中を覗き込むと、いろいろなことを教えてくれる。

（ゲーリー・プレーヤー）

妻も子もボールも俺に楯を突く
当たらない球とクラブに八つ当たり
八つ当たりされてボールは身を隠し
八つ当たりすればスコアも八になる

## ゴルフの名言　パット

ボールを拾い上げるときにどれほどカップの近くを踏まないようにするかを見ると、そのプレーヤーが、どれだけ思慮深く、思いやりのある人かがわかる。

（ハービー・ペニック）

狙い打ちしたいけれども乱れ打ち

打ち分けをするつもりなく右左

忙しい前後左右の乱打戦

カートだけまともな道を進む午後

## ゴルフの名言　パット

グリーンは真ん中を狙えば、最もオンさせる確率が高い。グリーンに乗りさえすればライの心配をすることもなく、パターで確実にカップに寄せられる。（中部銀次郎）

欲望に打たされていて気がつかず
打たされて行きたくもない右左
捨てきれぬ欲の数だけ右左
欲望に負けて奈落に落ちていく

## ゴルフの名言 練習

- ゴルフの上達に近道はない。 (古諺)
- 悩むより基本にもどって打ち続けろ。 (ベン・クレンショー)

真っすぐに生きて曲がったゴルフする

一打ずつ一期一会のライが待つ

最悪のライに教わる「あるがまま」

救済の項目だけはルール通

## ゴルフの名言　練習

- 能書きをたれる暇があったら、一球でも多く練習すること。（ハリー・バードン）
- 悩む時間がもったいない。打ち続けると答えが見える。（中村寅吉）

# 7番ホール

## スレスレに来てねと甘い声がする

ギリギリに打てと命じる見栄と欲

スレスレに来てねと甘い声がする

無理をして一か八かで八になる

無理するな一か八かは八になる

ゴルフの名言　練習

早くうまくなりたかったら基本を一つ一つ時間をかけて覚えること。

（トム・ワトソン）

池越えにあえて取りだすニューボール
池が言うまいどおおきにありがとう
案の定池に飛び込むニューボール
池ポチャのボールは誰のものですか

## ゴルフの名言　練習

グリップの形、ボールの位置、スタンスの幅、姿勢、テークバックのスタート…といった基本的なことをインストラクターにみてもらう。ずっとこの習慣を守ってきた。この基本のチェックのおかげで今日の私がある。

（ジャック・ニクラス）

いけいけと池越え急かす池の鯉

イメージし描いたとおり打って池

前の池越せずひぐらし鳴きやまず

池越せず鼻歌だけは天城越え

## ゴルフの名言　練習

グリップ、スタンス、そうした基本が最も大切で、秘訣なんて大げさなものはない。みんな同じことをやろうとしているのだから、小手先の仕掛けに憂き身をやつすより、ほんの少しの基本を反復してしっかり習得することが重要だ。

(ジーン・リトラー)

池ポチャに鳴きやんでいる蛙かな

春の池ボール飛び込み鯉の邪魔

政治家のような顔した鯉がいる

ニアピン賞池ポチャしなきゃ取れている

### ゴルフの名言

練習

ゴルフはいつでも学び続けられるが、ある日突然、上達してしまうことはない。

（デービス・ラブⅢ世）

意気込みが尻ごみになる深い谷

打ち下ろしボールも俺もドン底に

そこにあるミスして谷の底にある

打ち上げが得意になると名幹事

ゴルフの名言　練習

アベレージゴルファーが進歩するときは、一打ずつよくなるのではない。進歩は一気にやってくるものである。　（ハービー・ペニック）

ダメスコアいっそなりたい予選落ち
罪のない私が受けた重い罰
腹減ったボールも減ったホント下手
見えてない自分の腕と落とし穴

## ゴルフの名言　練習

ゴルファーの練習のやりかたには四種類ある。すなわちむやみやたらと練習するもの、賢明な練習をするもの、おろかな練習をするもの、全然練習をしないものである。　(バーナード・ダーウィン)

金がない実力もないツイてない

ツイているランチの後のごはんつぶ

あのプロと同じ名前が迷惑だ

泥つきのボールに言った「お前もか」

## ゴルフの名言　練習

およそ世に、自分の致命的な欠陥にも気がつかずに、またほかの助言もいれないで、ただひとり練習に熱中しているゴルファーほどあわれなものはない。（レズリー・ショーン）

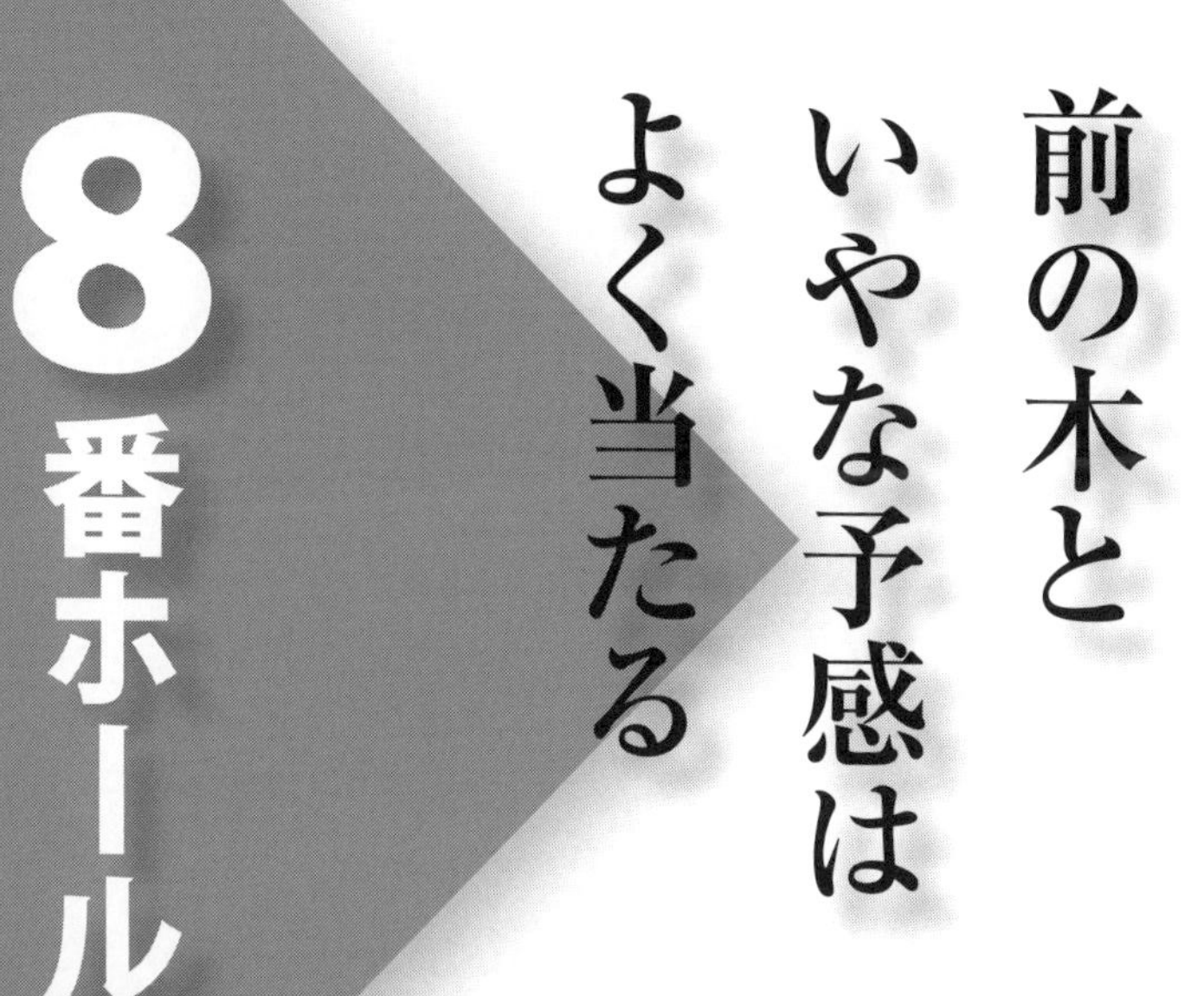

# 8番ホール

## 前の木と<br>いやな予感は<br>よく当たる

ゴルフなど簡単なのだ打つまでは

腹の立つ時見上げてる青い空

あのボール蹴り飛ばしたい気にもなり

気にしてる座右の銘は「気にしない」

## ゴルフの名言

練習

コースはスコアアップの方法を学ぶところ。練習場は技術をみがくところ。

（ジーン・リトラー）

池を避け砂場も避けて泥沼に
大崩れいろいろ試す日と悟る
さえずりも耳に入らず四苦八苦
シクハック掛け算すれば夢の数

ゴルフの名言　練習

ゴルフコースはスイングの欠点を発見するところであり、練習場はスイングの欠点をなおすところである。（アーネスト・ジョーンズ）

身に付けたはずの秘訣が邪魔をする
午前中つかんだコツが消える午後
折れたティー拾って進む昼下がり
ボチボチと悪くもないが良くもなく

## ゴルフの名言　練習

- 自分で問題意識を持てれば、お手本を見て盗む。そして自分でやってみて失敗を繰り返して、初めて自分の技術になっていく。（青木功）
- ゴルフの技術は「出来た」のは、終わりではなく始まりなのだ。（青木功）

ゴルフ場クマが出て来る目のまわり
腕を振りクラブ振っても大不振
ゴルフではピンチの後は大ピンチ
大崩れして思い出す夜のこと

ゴルフの名言　練習

- 信念ある自己流は、確信なき正統に勝る。（アーノルド・パーマー）
- 得意なクラブより、苦手なクラブを作らない。（中部銀次郎）

生き方もゴルフも下手でここにいる

初心者も三年後には中古車に

数々のミスを見てきた木を過ぎる

前の木といやな予感はよく当たる

## ゴルフの名言　練習

練習場ではあなたを満足感でうっとりさせるクラブではなく、トラブルに陥れるクラブで練習すべきである。（ハリー・バードン）

スタイミー曲げたいときはストレート
左の木　気にして打つと右の池
避けようと左に打つとシャンクする
逃げようと右を狙うとフックする

ゴルフの名言　　練習

初心者の通弊は、自分の好きなショットのみを練習して、むずかしいショットやきらいなショットは、練習したがらないことだ。

（ジェームズ・ブレード）

カットしてカートに当たりカッとなる

上手下手知ったことかとカラス二羽

カアと鳴くカラスの下でカッとなる

カラス鳴きキャディ泣かせて俺も泣く

## ゴルフの名言　練習

ゴルフでは、ひとつのヒントによって突然当たりが出ることがある。だが、多くの場合、その当たりが長続きしないのは、そのヒントにあまりにこだわりすぎるからだ。　（ジミー・ディマレット）

分別も判断力もないショット
冷静な自己分析が無理なミス
師匠から助言は無理と言われた日
レッスンを受けて来たんじゃなかったの

### ゴルフの名言　練習

調子がいいときは「以前はあんなにひどいボールを打っていたのか」と信じられなくなり、スランプに陥ると「以前はあんないいボールを打っていたのか」と信じられなくなる。　（トム・ワイスコフ）

頼りないこの腕のほか頼れない

攻められず自分ばかりを責めている

ヘボゴルフボケとツッコミオチもある

トボケなの寝ボケているのボケてるの

## ゴルフの名言　練習

● 一発のショット、あるいは何発かのショットが悪いからといって、何も変える必要はない。（ハービー・ペニック）

● ゴルフの薬には、必ず副作用が伴う。（ハービー・ペニック）

# 9番ホール

# 燃える妻
# しばらくすると
# 耐える妻

振り向いてミスをたどって次を打つ

振り向くな後ろにはもう夢はない

後ろから妻の事件の声がする

振り向くと妻は後ろでこけている

## ゴルフの名言　練習

重いクラブで素振りをすると、グリップとリストの力を強めるばかりでなく、スイングで最も大切な正しい体重の移動、フットワーク、腰の回転、リズムなどを自然に会得するとともに、自分の悪いクセまで知らぬまに矯正または予防する効能がある。

（ジーン・サラゼン）

燃える妻しばらくすると耐える妻
恐るべし地球を叩き殴る妻
ふと見ればあんなところに妻がいる
よく見ればいろんなとこに妻はいる

ゴルフの名言　練習

他人のクラブで練習すると、その違和感が自分のクラブのよさとスイングのフィーリングを思い出させてくれる。　（リー・トレビノ）

静寂を遠くで乱す妻の声
我が妻はゴルフ場でもよく叫ぶ
六打目の妻は殺気を漂わせ
第六打なのに残りの距離を聞く

## ゴルフの名言　練習

- 自立心に欠けた人間は、ゴルフでも進歩が見られない。

（チック・エバンス）

- 未熟なゴルファーほど、自分のスイングについて語りたがる。

（戸田藤一郎）

平然と構えているが第六打
何事もなかったように第六打
やっと出たナイスショットは第七打
ナイスショーッむなしく響く第七打

ゴルフの名言 練習

ハンディ 20 の人に教えられた者は、ハンディ 19 になれない。

（古諺）

地上に不愉快が二つある。それはヘビとゴルフの教え魔。

（ホリス・ステーシー）

妻の字が毒に化けてる第八打

七転び八起きでついに九となる

投げたくて蹴りたくもなる第十打

すいません今のショットで十一打

ゴルフの名言　　レッスン書

レッスン書のない時代、人々は悩むことを知らず、のびのびとクラブを振っていたものだ。

（マクドナルド・スミス）

どうせなら叩きまくって元を取る
好きなだけ打って叩いて同じ金
同じ金たくさん打った方が得
打ち過ぎに助成金とかないですか

## ゴルフの名言　レッスン書

ゴルフ史に残る名人たちは、誰もレッスン書など読まなかった。私たちは、この事実に気づくべきである。（ダイアン・ウイルソン）

打ちまくりここは一体どこですか

あと何打打てばピンまで行けますか

金払い私は何をしているの

打ち疲れ打ちひしがれてたどり着く

## ゴルフの名言　レッスン書

- もし本当にレッスン書が役立つならば、100冊読んでプロになれるのかい？（クリスティ・オコーナー）
- 優れた名言、格言には、百冊の本を凌ぐ力がある。（トミー・アーロン）

逃げていくような気がするあのボール
治らない方向音痴ゴルフでも
ダイエットする気ないのにさせられる
歩きすぎ食が進んで倍食べる

## ゴルフの名言　スコアメイク

- 自分の能力以上のプレーをしようと思ってはならない。
（ケリー・ミドルコフ）

- 頭を使わない人はスコアが悪い。（ジャック・ニクラス）

シャンクして見上げた空の青さかな

すぐそこにシャンクお化けは立っていた

「どこ悪い？」スイングしたのが悪かった

もう二度とスイングするなミスはない

## ゴルフの名言　スコアメイク

ゴルフの80パーセントは、頭脳でプレーされ、筋肉でプレーするのは、残り20パーセントである。　（ジャック・バーグ）

# 10番ホール

## 空振りし素振りの素振り知らぬ振り

リョウを真似ヒデキを真似て空振りし

無茶振りし空振りをして雨も降り

舞うように妻は澄まして空振りし

空振りも見て見ぬ振りの夫婦愛

## ゴルフの名言　スコアメイク

他人に一番迷惑をかけるプレーヤーは下手な人ではなく、自分の腕前を知らずにプレーする人である。（古諺）

PAR 4
空振りし素振りの素振り知らぬ振り

空振りし素振りの素振り知らぬ振り
空振りで無口なキャディ笑わせる
空振りに笑いこらえて風を読む
空振りにうろたえながら笑う膝

ゴルフの名言　スコアメイク

練習場で打ったこともないようなショットを本番でやってみようとすることなど、狂気の沙汰だ。

(デーブ・マール)

空振りも笑う者なし秋の風

空振りにカラスが鳴いてカッとなる

ボロボロのスコアカラスに見下ろされ

妻の球にらむカラスをにらむ妻

## ゴルフの名言　スコアメイク

うまくいくことを前提に立てたゲームプランなど妄想にすぎない。練習でほとんどミスも起きないショットですら、コースの上では生じるのだという認識に立って初めてゲームプランは成立する。

（青木功）

後続が速いときだけ前遅い
前の組ひねもすのたりのたりかな
ど真ん中だけ空いている前の組
四人とも右の山から下りて来る

## ゴルフの名言　スコアメイク

大多数のゴルファーはゴルフをプレーすることを知っているが、コースをプレーすることを忘れている。（トミー・アーマー）

打つ前と構えてからが長すぎる
せっかちに打ってなかなか進まない
待たされて焦れてクラブで球遊び
前の組眺めおにぎり食べている

**ゴルフの名言** **スコアメイク**

- 握って構えて、しっくりこないときは、深呼吸して仕切り直しなさい。（トム・ワトソン）
- ボールに集中しろ。スコアはあとからついてくる。（ジーン・サラゼン）

用がある時だけ遠いお手洗い
緊急時トイレ遠のくミスショット
迫る危機一打一打に鬼気迫る
いつやるの今じゃないでしょトイレ待て

ゴルフの名言　スコアメイク

スタンスをとってしまえば、すべてが決定したのだ。なすべきことはただひとつ、ボールを打つの一途あるのみ。（レズリー・ショーン）

腰痛とまぐれ当たりは突然に

腰痛に咳をこらえてそっと振り

腰痛も風邪もゴルフでつい忘れ

腰痛も忘れるほどの痛いミス

## ゴルフの名言　スコアメイク

- ベストをつくして打て。その結果がよければよし、悪ければ忘れよ。
（ウォルター・ヘーゲン）

- 先のことを考えろ。ゴルフは次のショットのためにどうするかを考えるゲームである。
（ビリー・キャスパー）

# 11番ホール

# いいスコア じわり壊れて いく予感

あの一打思い出すたび血が騒ぎ

目の前にパーがチラつき不整脈

何打目か思い出せずにボケを危惧

この歳でもう1ヤード10ヤード

## ゴルフの名言　スコアメイク

- 少し大きい目のクラブで、やさしくボールを打つ。それがゴルフのコツ。
（ドン・ジャニュアリー）

- 大きいクラブで軽く打つより、いつものクラブでフルスイング。
（ハービー・ペニック）

トラブルも事件もないがダボになる
スコアからはみ出しているミスショット
闘争心割れて砕けて裂けて散る
スコアより勝ち負けよりもエチケット

ゴルフの名言　スコアメイク

私は、どのアイアンを使おうかと迷いを感じたときには、必ず大きいほうのクラブを選んで楽に打つことにした。そしてその結果が悪かったためしは、めったになかった。（ヘンリー・ピカード）

バーディがついに出たのに倍返し
今でしょと打つとじぇじぇじぇの倍返し
求めるなスコア後からついて来る
ついて来るボギーの後のダボとトリ

## ゴルフの名言　スコアメイク

私は常に適当と思われるよりも大きいクラブをとって、ボールをやわらかく打つようにした。私はアイアンを力いっぱい打たないことによって成功したのだ。

（ボビー・ジョーンズ）

変てこなリズムと振りでパーを取る

拗(す)ねて打ち投げやりに打ちなぜかパー

ただ単に真っすぐ打てば取れるパー

平凡な一打一打で拾うパー

## ゴルフの名言　スコアメイク

ショットに臨む瞬間の集中力とそうでないときのゆとり、その緩急のリズムこそがスコアメイクに結びつく。（青木功）

いいスコアじわり壊れていく予感

好調が続くとなぜか落ち着かぬ

好調を心配するなすぐ戻る

好調をかき消すような俄雨

## ゴルフの名言　スコアメイク

- 成功するかどうかは、失敗にどう対処するかで決まる。

（デビッド・ファハティ）

- ゴルフは記憶のゲーム。過去の失敗を思い起こしゲームを組み立てよ。

（青木功）

好調が続くといつも落ちがある
幸運はめったに来ぬという不運
誰にでも公平にくる不公平
よく見れば平等にある不平等

ゴルフの名言　スコアメイク

- プレーは結果によって考えず、原因で考えるのが上達の秘訣である。（ベン・ホーガン）
- ゴルファーは、勇敢で臆病でなければならない。（J・H・テイラー）

百切りはたった二番で夢になる
ハンディを使い果たしてまだ五番
予備ボール残り気になる十二番
どうしようまだ六ホールありますが

## ゴルフの名言　スコアメイク

安全なゴルフと逃げのゴルフを混同するな。安全なゴルフとは細心・緻密な計算を大胆にトライすること。（青木功）

アイアンが杖になってる十五番
第百打十六番で打ち終わり
今日イチが十七番で遅すぎる
十八番名残を惜しむ法師蝉

ゴルフの名言　スコアメイク

グッドショットとまぐれ当たりとの唯一の相違は、プレーヤーが予期したか、しなかったかの違いである。（ロバート・ブラウニング）

使われぬクラブバッグで拗(す)ねている

打ち上げたボールのあとの白い月

朝イチが終わって見れば今日イチに

今日イチが終わって見ればなかった日

## ゴルフの名言　スコアメイク

ゴルフは単純なんだが、ただそれを知るまでには時間がかかる。

（ベン・ホーガン）

# 12番ホール

# 楽しむを知って苦しむゴルフ道

向かい風行かねばならぬゴルフ道

真っすぐに打てない腕で風を読む

気にするな打てば分かるさ風の向き

風を読み首をかしげて打つOB

## ゴルフの名言　ミスショット

- 打つ前にミスを考えると、設計図通りのミスになる。

（ミッキー・ライト）

- 疑念はミスショットのナンバーワンの原因である。

（デービス・ラブⅢ世）

力抜きゆっくり振って風になる
力込め急いで振ってミスになる
力無くしっかり振れず風邪になる
風を読み風に吹かれて芝散歩

**ゴルフの名言** ミスショット

- 飛ばしすぎは失敗の始まり。（ミラー・バーバー）
- 打つまでは、まだ失敗していない。（トム・モリス）

なりゆきにまかせて進む自然体
ミスをするこれが私の自然体
真っすぐに行けない俺の進む道
コースではボールも俺も自由人

## ゴルフの名言　ミスショット

あの小さな白球は、あなたが打つまでは動かない。しかし打ったあとは、もうあなたはどうすることもできないのだ。（ベーブ・ザハリス）

球遊び地球の裏で弾は飛び
弾でなく球でたたかう素晴らしさ
自爆でも二打失えば済む平和
人生はやり直せぬが打ち直す

## ゴルフの名言　ミスショット

- ナイスショットは偶然の産物。ミスショットは必然の結果。
（中部銀次郎）

- ボールが真っすぐいったら、それは偶然だ。（ベン・ホーガン）

スコアより大事なものをつい忘れ
数字だけ追いかけているウブな奴
残るのは数字だけではないと知る
たたかわずのらりくらりとする散歩

## ゴルフの名言　ミスショット

- トラブルに陥ったときに大切なものは、技術よりも、正確な判断である。（ボビー・ジョーンズ）
- トラブルに陥ったら、自分が身に付けているショットをしなさい。身に付けたいショットではなく。（ジャック・バーグ）

やる前はガキの遊びに見えていた
単純だでも分かるまで二十年
一打ずつ打っては進むだけのこと
コツはない楽しむ心だけがある

**ゴルフの名言** ミスショット

- 間違った方向に打たれたボールは、どこまでも飛ぶ。
（ヘンリー・ビアード）

- ゴルフは法律と似ている。どちらもトラブルが相手だ。
（バーナード・ダーウィン）

意のままに打てるものならゴルフなど
真っ平ら晴天無風のつまらなさ
我が胸の深いところに飛ぶボール
楽しむを知って苦しむゴルフ道

## ゴルフの名言　ミスショット

- まずい一打がスコアを壊すわけではない。（ゲイ・ブリューアー）
- ミスを想定して、トラップを避けゲームを組み立てる。（中部銀次郎）

あるがまま遊び心に身をゆだね
風の中ボールも俺もあるがまま
風の中何を求めて球を打つ
風景にとけこんでいく風ゴルフ

## ゴルフの名言　ミスショット

ゴルファーの最も崇高な目的は、人を驚かすようなすばらしいショットではなく、ミスをひとつひとつ着実に減らしていくことである。

（ジョン・ヘンリー・テイラー）

世の中の風に疲れて芝散歩
風まかせ散歩ついでにゴルフする
つれづれにクラブ片手にする散歩
歩きつつゴルフを想い人想う

ゴルフの名言 ミスショット

人間は、自分が敗れたときこそ種々な教訓を得るものだ。私は、勝った試合からはかつてなにものをも学び得たことはなかった。

（ボビー・ジョーンズ）

# 13番ホール

# スピンより呪いがかかるアプローチ

届くのに刻んで見せるプロの技
届くのに刻んでしまうオレの技
まぐれでもべたピンというおもしろさ
偶然にべたピンという罪がある

## ゴルフの名言　ミスショット

- ナイスショットを増やすより、ミスショットの数を減らす。
（中部銀次郎）

- トーナメントでは、ナイスショットをたくさん打つよりミスショットを少なく打つ方が勝つのだ。
（赤星六郎）

ナイスオンするのはいつもサブグリーン
ボール消え一応カップ確かめる
ナイスオン桜吹雪に拍手され
謎解きが終わったようにナイスオン

ゴルフの名言　ミスショット

愚者はまぐれ当たりを自慢し、賢者はミスショットから多くを学ぶ。

（古諺）

ピンを刺すはずのショットは天を指す

ピンそばに近づくほどに下手になり

絡むのはピンにしてよと酒の席

ミニスカにボール踏まれる夢を見た

## ゴルフの名言　ミスショット

スクラッチプレーヤーとアベレージゴルファーの違いは、前者は一ラウンドに二つのミスヒットをするとその日一日悩むが、後者は一ラウンドに二つよいショットをするとそれだけで大満足する。

（作者不明）

大技で見せて小技で見せられず
転がすか上げて止めるか球に聞く
転がすか上げるか迷いチョロを打つ
ウェッジやめパターで打ってなおダフリ

ゴルフの名言　自然との戦い

このゲームは海と陸の接点から始まった。ゆえに「水と砂」はゴルフの道連れ、むしろ歓迎すべき話である。（ドナルド・ロス）

上げようとすれば転がるアプローチ
転がすとピンを遥かに超えていく
アプローチスピンかからず手間かかる
スピンより呪いがかかるアプローチ

## ゴルフの名言　自然との戦い

ゴルフの本質は、自然と戦うということだ。ちょうど登山や航海のように、いかに困難であろうと、いかに風が荒れようと、自然と戦うスポーツマンは不平をいわないのだ。　（ロバート・ハンター）

ゴルフよりゲートボールが似合う人
穴ばかりめざしてハマる落とし穴
あの人とハマってみたい落とし穴
そこにある分かっていてもハマる罠

**ゴルフの名言**　**自然との戦い**

風はゴルフの最大の財産だ。風がいろいろ変化することによって、ひとつのホールがいくつものホールとなるからだ。

（チャールズ・マクドナルド）

ファイブオン負けてなるかとセブンオン

ヤケクソで開き直るとチップイン

チップイン束の間だけのプロ気分

チップインできた理由はわからない

## ゴルフの名言　自然との戦い

風をきらってはならない。風こそはこの上もない立派な教師だ。風はゴルファーの長所と欠点とを、はっきり教えてくれるからだ。

（ハリー・バードン）

# 14番ホール

# とりあえず一度は入る水と砂

池を避けバンカーを避けピンも避け
たどり来てピンだけ避ける摩訶不思議
たどり来てピンを眺めて一周し
ピンだけを避けて回ってどうするの

### ゴルフの名言　自然との戦い

スコアはその日の風次第。雨が降ったら5打覚悟。寒い日にはボギーがパー。1枚着るたび10ヤード落ちる。（古諺）

とりあえず一度は入る水と砂
バンカーがまいどまいどと愛想言い
ゆっくりとくつろいでねと砂は言い
入ったら出すだけですとキャディ言い

### ゴルフの名言　自然との戦い

ハザードはゴルフを劇的にする。ハザードのないゴルフは生命も魂もなく、単なる退屈なスポーツにすぎなくなるだろう。

（ロバート・ハンター）

おずおずと砂場に入り受ける罰

レッスンの通りにやって砂地獄

爆発で出すぞと俺が爆発し

三人が見守る中で自滅する

## ゴルフの名言

自然との戦い

もしゴルフコースが玉突台みたいに平坦であったら、それはもはやゴルフではない。

（ジョン・ロウ）

蹴ることも投げることさえ許されず
一度でも二度でも出ないサンドです
出せば出る出さねばならぬ出るまでは
バンカーとパットで刻むオレの技

ゴルフの名言　自然との戦い

自然の条件は刻々と変わる。それに応じてゴルフの性質も変わる。
（青木功）

バンカーをやっと出たけどホームラン
ホームラン反対側で第二号
バンカーを脱出するとまたバンカー
バンカーを移りにけりないたづらに

ゴルフの名言　自然との戦い

ボールはあるがままの状態でプレーせよ。球を打ちやすいところに動かしていたらいつまで経っても上達することはできない。

（中部銀次郎）

たかが砂もてあそぶ気でもてあます
白砂に我泣きぬれて球とたわむる
白砂は私を裁くお白洲か
お白洲で決まった刑は百叩き

## ゴルフの名言　自然との戦い

「あるがまま」とは、ボールのライにとどまらず、天候、体調、環境など、すべてが含まれる。
（ボビー・ロック）

一人占め砂場は俺のものになる

昔からいつも砂場で遊んでた

砂遊び火遊びほどに罪は無し

砂遊びし過ぎた後の水遊び

**ゴルフの名言** **自然との戦い**

セントアンドリュースのオールドコースも、知性なき者にはただの原っぱにすぎない。
（アリスター・マッケンジー）

# 15番ホール

# 近づくとなぜか遠のく穴の謎

待たせるなライン読まずに空気読め

あわてるなライン踏まずに手順ふめ

うるさいぞ「もう少し右」「いや左」

パットより彼女のライン見てないか

## ゴルフの名言　自分との戦い

- 不安と緊張こそ、最高の調味料である。（ベン・ホーガン）
- 少しも緊張のない気まぐれなゴルフをするほど、無意味なものはない。（ボビー・ジョーンズ）

べたピンを喜んでいた三打前
時間かけ芝目を読んでダフるなよ
丁寧に寄せては返しフォーパット
二つ打ち三つで乗せて七となる

ゴルフの名言 自分との戦い

コースに出る前はいつも緊張した。そうでなかったら何もできなかっただろう。何も感じない日は勝てなかった。（ボビー・ジョーンズ）

ミニスカの脚持てあまし読むライン

ミニスカにウロウロされてフォーパット

後ろから前から眺めフォーパット

フォーパット美人キャディに罪はなく

## ゴルフの名言　自分との戦い

プレッシャーに負けてスコアを崩すなんて考えられない。最終日の残り三ホール。あのプレッシャーのかかるその瞬間のためにこそゴルフをやっているのだから。　（ジャック・ニクラス）

へそくりが化けたパターでフォーパット
値は高い見た目もいいが入らない
ライン読む友の薄毛が気にかかる
パットする腹も二段になっている

## ゴルフの名言　　自分との戦い

- ゴルフでは、心の平安が最も大切な要件のひとつである。
（ボブ・トスキ）
- ゴルファーの最大の敵は自分であり、他の誰でもない。
（ゲーリー・プレーヤー）

パットする尻のポケットあかんべえ

飛びすぎに注意と書いてあるパター

近づくとなぜか遠のく穴の謎

遠からず近からず打ち遠ざかる

## ゴルフの名言　自分との戦い

- ゴルファーは一番身近な最強の敵が自分自身であることにすぐに気づくのである。（ボビー・ジョーンズ）
- この世のあらましのゲームでは、自分が敵と戦うことになる。ゴルフでは味方だと思っていた自分が相手となる。（アーノルド・ホールティン）

ゴルフとはひたすら穴を目指すこと
好きですよただのまあるい穴だけど
吸い込まれ引き寄せられる穴が好き
穴狙い線引くように打つパット

## ゴルフの名言　自分との戦い

ゴルフにおける敗北は、ほとんどが自滅によるものだ。自分との戦いに負けたためだ。
（ケリー・ミドルコフ）

お先にがあっと言う間にもう一打

打ったあと叫んでみても入らない

エコひいきしているようなこのカップ

弾む胸見下ろすように揺れる旗

## ゴルフの名言　自分との戦い

ゴルフに逆転ホームランは存在しない。このゲームは「自滅」によって決着がつくものである。

（ベーブ・ルース）

入れるだけ何をもたもたしているの
焦るほどそれてなかなか入らない
力入れ気合い入れても入らない
入口で恥ずかしそうに立ち止まる

## ゴルフの名言　自分との戦い

- 一度に多くのことを考えては、ステディなプレーは不可能だ。
（ウォルター・シンプソン）

- ゴルファーはハンディの数だけ、余計なことを考える。
（ビル・ディーズ）

入口の手前で不意に気が変わり

通り過ぎ急に逃げ足速くなる

ごほうびが扉を開けて待っていた

よろこぶな入れたら早く出しなさい

**ゴルフの名言** **自分との戦い**

上手なゴルファーはボールを打つ前に大切なことだけを考えるが、下手なゴルファーは悪いことだけを考える。 (ジーン・サラゼン)

山と谷うねりを超えてホールイン
六パット穴があったら入りたい
悪いのは距離感よりも世界観
距離感を人生観でカバーする

**ゴルフの名言** **自分との戦い**

ゴルフがむずかしい所以は、プレーヤーが静止するボールを前にして、これをいかに打たなければならないかについて思考する時間が、あまりにも多いことに起因する。　（アーチー・ホバネシアン）

嫌われたカップ何度も振り返る

悔しさをふちにとどめてタップイン

後悔はカップの中に置いてくる

引きずるなシューズ旗竿ミスショット

**ゴルフの名言** **自分との戦い**

すべてが順調に、すべてが思うがままに、そんなゴルフは存在しない。そうならなかったとき、ゴルファーとしての本質がわかる。

（ジャック・ニクラス）

集中をカラスが壊すパーパット

炎天下音だけ涼しカップイン

入り方それは問わないカップイン

カップイン人それぞれの物語

ゴルフの名言　自分との戦い

意識しないで自然にプレーできた者に、女神は微笑む。（青木功）

カップインいかなる人も受け入れて

さまざまにカップインして日が暮れる

なにごともなかったようにピンは立ち

残照やグリーン横切るピンの影

## ゴルフの名言　自分との戦い

- 好調のときに不調の影が忍び寄っている。（中部銀次郎）
- ゴルフで油断が生まれる最も危険な瞬間は、万事が順調に進行しているときである。（ジーン・サラゼン）

# 16番ホール

# ニューモデル顔と体は旧モデル

試し打ちしてるクラブに試される

試し打ちなのにやっぱりチョロを打つ

もう少し夢を見たくて買うクラブ

我が余命気になるけれど買い換える

## ゴルフの名言　自分との戦い

- 言い訳は進歩の最大の敵だ。（バイロン・ネルソン）
- ゴルフでは一切の言い訳は無意味である。（中部銀次郎）

へそくりが化けて明日はニュークラブ
打つまでは夢を見ていたニュークラブ
一日で中古に変わるニュークラブ
試打のときだけ飛んでいたこのクラブ

**ゴルフの名言** 自分との戦い

下手なゴルファーは、ゴルフをやめてしまう代わりに自分のミスについて、何か言い訳を見つけるものだ。 （ミルトン・グロス）

ニューモデル顔と体は旧モデル
去年より飛ぶと毎年言われても
よりさらにもっとはるかに飛ぶお金
ニューモデル賞味期限はいつですか

**ゴルフの名言** **自分との戦い**

ゴルフほどプレーヤーの性質があらわれるものはない。しかもゴルフでは、それが最善と最悪の形で現れるのだ。

（バーナード・ダーウィン）

欲しいのは俺だけが飛ぶドライバー
買い換えて俺だけ飛ばぬドライバー
飛ぶクラブサギと言いたくなる曲がり
飛ぶクラブ曲がらないとは言われない

## ゴルフの名言　自分との戦い

- 怒った瞬間、ゴルフは壊れる。（トミー・ボルト）
- ゴルフでは、怒りは最大の敵である。（ノーマン・フォン・ニーダ）

飛ぶように売れているのになぜ飛ばぬ
「飛びますよ」みんな少しは飛びますよ
ドライバー値段と飛距離比例せず
大金をはたいて買ってこれですか

**ゴルフの名言** **自分との戦い**

ミスショットは、ゴルフを続けているかぎりついて回る。その一つひとつに腹を立てていてはゴルフにならないしスコアも崩れる。

（ラリー・ネルソン）

打つ以外石川遼を真似てみる
街なかで絶対着れぬ服を買い
ゴルフでも街の中でも妙な服
お喋りも服もスコアも派手すぎる

**ゴルフの名言**　　**自分との戦い**

- ちょっとした見栄が、ゲームを台無しにする。（アーノルド・パーマー）
- 相手にアウトドライブされることを気にやむのは、愚かしい見栄である。（ボビー・ロック）

派手な服歳を忘れてカラ元気
服のガラ悪いのはそのガラでなく
その服はゴルフ場でも仮装です
仮装よりほとんど偽装かもしれず

**ゴルフの名言**　　**自分との戦い**

多くのショットが最後の瞬間に滅茶苦茶になる。あと数ヤード距離を伸ばしたいと欲張るために。　（ボビー・ジョーンズ）

そのパンツ色の付いてるステテコね
スカートの丈気にいってくれますか
ファッションを取ってゴルフを捨てている
お色気はルール違反じゃないけれど

ゴルフの名言　　自分との戦い

飛ばなければ恥だ、とばかりに我を忘れて無理をする。彼らはティーショットの飛距離が、パーとバーディの絶対条件だと信じているらしい。愚かなことだ。　(ヘンリー・コットン)

カタチから入ると言ってそのカラダ

問題は買った服よりその体

筋トレや脳トレよりも脂肪取れ

高そうに見える安物探す妻

**ゴルフの名言** **自分との戦い**

ゴルフはあらゆる困難と不運を来るがままに受け入れ、それに打ち勝つゲームである。
（ジョセフ・ダイ）

何着ても安物にしか見えぬ俺
よく似合う言われる服は安い服
高ければ高い服ほど似合わない
似合うねと言われた服は不満そう

## ゴルフの名言　自分との戦い

長い眼でみれば、結局「運」というものは、平等公平なものだ。
（ボビー・ジョーンズ）

一生懸命努力すればするほど、運は味方する。（ゲーリー・プレーヤー）

ゴルフでも着れる服だけ目に入り
見るだけの妻これも買いあれも買い
ブランドをノーブランドの君が着る
ブランドがふだん着にしか見えぬ俺

## ゴルフの名言　自分との戦い

ゴルフには運がつきものだが、よいにしろ悪いにしろ運というものは全体的には平等なのだ。それなのに自分の不運をこぼすのは最も悪い癖だ。だが、相手の幸運をねたむのはそれ以上に悪い。

（ホラス・ハッチンソン）

似て非なるモデルと君の同じ服
本人はモデル気分という誤算
昔着て今着れないが捨てられず
捨てませんいつか痩せたら着ますから

### ゴルフの名言　自分との戦い

ゴルフの要素は不公平にある。不公平にぶつかるのは、あなただけでなくほかのものも同じであることを忘れてはならない。これこそがゴルフの真の公平なのだ。あなたがなすべきことは、コースの改良ではなくあなた自身のプレーを改良することだ。　(ジョン・ロウ)

二割引き買った翌日半額に

腕だけは金で買えないプロショップ

クラブ変えウエア変えても同スコア

天気良しウエアもキメてこのスコア

## ゴルフの名言　自分との戦い

ゴルフでは非常によいショットをしても、それが非常に悪いライになることがある。だが、それがゴルフゲームなのだ。私はまっ平らで、なめらかで、自分が打ったボールが悪いところへはねたり、曲がったりすることがないようなコースはきらいだ。人々はあまりにも公平ということを語りすぎる。（ジョージ・ダンカン）

# 17番ホール

# また変になって出て来る練習場

春めいて練習場の音高し
何らかの答え求めて練習場
振られた日練習場で振りまわす
また変になって出て来る練習場

## ゴルフの名言　自分との戦い

- 下手なゴルファーほど、自分のミスをすべて悪運のせいにする。
（古諺）
- 不運に腹を立ててはならない。その瞬間、もう負けの言い訳をさがしている。
（デービッド・グラハム）

ヒマじゃない　妻不機嫌でここにいる

球飛ばず迷いばかりが宙を舞う

10ヤードひとり黙々打つ男

飛ぶ人のスイングよりもクラブ見る

## ゴルフの名言　ルールとマナー

- マナーが一番、スコアは二番。これがゴルフにおける憲法である。
  （エーブ・ミッチェル）

- ゴルフでは、1にマナー、2にグリップ、3、4は適当に力んで、5にパッティング。
  （ピーター・アリス）

ヘボゴルフ親しき仲もヨイショあり

アラばかり見えても探すほめ言葉

ほめ言葉探し見ている優しい目

正直に言うと互いに傷がつく

## ゴルフの名言　ルールとマナー

- ゴルフはすぐに上達しないが、「マナーのシングル」には今日からなれる。（赤星四郎）
- ルールとマナーを勉強したまえ。スコアを口にするのはそれからだ。（マイケル・ボナラック）

ほめたのは道具の方だ腕じゃない
ほめたのはウエアの方だ顔じゃない
ほめたのは隣の方だ君じゃない
ほめたのはあとからけなすためですか

**ゴルフの名言**　　ルールとマナー

- ボールが打てて半人前。ルールがわかって一人前。（ジョセフ・ダイ）
- ショット自慢は嫌われる。ルール通は尊敬される。（バーナード・ダーウィン）

腕よりも道具をほめるイヤな奴
腕よりも道具と服で勝負する
腕よりも道具のせいにしてる妻
服はリョウ道具はヒデキスコア俺

**ゴルフの名言** **ルールとマナー**

ルールは二つ知っていればいい。すなわち、あるがままにプレーせよ。自分に有利に振る舞わない。（ハリー・バードン）

ゴルフでも職場のようにいじられる
とりあえずマグレ当たりをほめられる
ほめ言葉続く言葉が恐ろしい
カレイだねどっちの意味かうろたえる

ゴルフの名言　ルールとマナー

プレーヤーはみずからがレフェリーであって、すべての問題を裁決し、処理し、責任をとらなければならないのだ。

（ホラス・ハッチンソン）

「こう打てよ」そういう君はどう打つの

「そこ悪い」そういう君は口悪い

「位置悪い」そういう君は意地悪い

「まだ悪い」そういう君はまだ青い

## ゴルフの名言　ルールとマナー

ゴルフを続けるつもりなら、必ず一日に一項目、ルールを覚えるべきである。これでゲームの面白さが倍増するだろう。

（ジョセフ・ダイ）

こうですね打ってみるけどそうでなく
そうでなくああでもなくてこうでない
お互いにスイングいじる面白さ
いじくっていじくり回し去っていく

## ゴルフの名言　ルールとマナー

法律は悪人が存在するものとしてつくられているが、ゴルフルールは、故意に不正をおかすプレーヤーはいないという前提でつくられている。

（大谷光明）

力むなとオレには言って力む友

アクセルのはずがブレーキ踏んでいる

力むほどボールは飛ぶという誤解

スイングは力でないと思い知る

## ゴルフの名言 ルールとマナー

- プレーヤーは正直にプレーしなければならない。 (ジョセフ・ダイ)
- 卑しきシングルより、正直なダッファーたれ。 (ボビー・ジョーンズ)

人のミス見たら口出ししたくなり
後ろから眺め上からものを言う
とりあえずどこかをほめて何か言え
アノデスネそこから先はしゃべるなよ

## ゴルフの名言　ルールとマナー

ゴルフは、プレーするには世界中で最も難しく、ごまかしをするには最も易しいゲームだ。（デイブ・ヒル）

格下と見れば態度が変わる人

自分にはできぬ技術をひとに言う

知っているフリでしゃべった思いつき

知っていて分かっていても打てぬだけ

**ゴルフの名言** **ルールとマナー**

どうしても友達になれない人種がいる。小さなウソをつく奴とアイアンの飛距離を自慢する奴。 （ビング・クロスビー）

優しいが上から目線のアドバイス
アドバイスしてるつもりでトドメ刺す
いらだちにダメを押してるアドバイス
悪いとこ指せと言われて刺すトドメ

## ゴルフの名言　ルールとマナー

ゴルフほどごまかしやすい機会に恵まれたゲームはほかにない。ゆえにまたゴルフほどその欺瞞をおかしたものが、はげしく軽蔑の眼で見られることも、ほかのゲームに例を見ない。

（フランシス・ウイメット）

聞くけれど分かったようで分からない
親切に教わりすぎて混乱し
言うことを素直に聞くと動けない
言いなりになってるうちは進歩せず

## ゴルフの名言　ルールとマナー

（1925年の全米オープンで、アドレスの時わずかにボールが動いたことを告白してプレーオフとなり優勝を逃したことについて）私は当然のことをしたにすぎない。あなたは私が他人の金を盗まなかったといって私を褒めますか。

（ボビー・ジョーンズ）

手直しをされて我流で固められ
手直しは開眼でなく勘違い
手直しですぐに良くなるはずもなく
コツだけでなんとかなるという誤算

ゴルフの名言　　ルールとマナー

優柔不断な人物ほどプレーが遅い。卑怯な人間ほど言い訳がうまい。ゴルフを単なる遊びと考える教養のない人間ほど、平気でスコアをごまかす。

（ロバート・フリントン）

教え魔が何人もいて料理され

教え魔がミスであわてる手本打ち

教え魔も三人いると同士討ち

ブンセキとカイセツしてもできぬだけ

## ゴルフの名言　ルールとマナー

たとえ口が裂けても、人のプレーに干渉してはならない。断固、沈黙せよ。

（ハリー・バードン）

レッスンの半分くらい下心
その子には口を出しても手は出すな
教わった昨日のコツは今日のウソ
アドバイスその場限りですぐ忘れ

ゴルフの名言　ルールとマナー

人の失敗を笑う奴と、プレーの遅い奴。この手の人間とは二度と一緒にプレーしたくない。

（ウィリー・パーク・ジュニア）

教え魔が去ってビデオ魔現れる

我が振りの動画見せられ声も出ず

人様に口出すほどのヤボでなし

本当の教え上手は教えない

## ゴルフの名言　ルールとマナー

- ゴルフは恐ろしいことに、自分の人柄を世間に公表するゲームである。
（チャールズ・マクドナルド）

- ゴルフはある程度の上品さがなければ、ゲームが成立しない。
（ウイリアム・バーク）

# 18番ホール

## すぐそこに見えるゴールが遠すぎる

スライスとフックで語り合う時間
真っすぐなボール以外はうまい人
スイングのどこか似ている盆踊り
スイングのリズムの中の別の顔

## ゴルフの名言　ルールとマナー

- よい勝者であるとともに、よい敗者であれ。（古諺）
- ゴルフでは、良き敗者が常に尊敬される。（トミー・アーマー）

肩書きはないが持ってる五十肩
五十肩おかげで手打ち卒業し
老いに堪え痛みに耐えて球を打つ
痛いのは腰肩頭膝財布

**ゴルフの名言** **ルールとマナー**

紳士がゴルフをするのだ。たとえ始めたときに君が紳士ではなくとも、この厳しいゲームをやっていると必ず紳士になるだろう。

（アーサー・バルフォア）

目いっぱい振ってボールはゆるく飛び

複雑に振って素直に飛んでいく

無理のない素直な振りは素振りだけ

オレだけがオレのスイング見ていない

## ゴルフの名言　ルールとマナー

ゴルフが紳士淑女のスポーツだとする意見には反対だ。ゴルフをやることで紳士淑女になるというなら賛成だ。　（バーナード・ショー）

何流か？ どこから見ても我流です
自己流をオレ流と呼んでも我流
自己流と我流で競う練習場
自己流が我流に話すウソホント

ゴルフの名言 ルールとマナー

- その人物が本物か偽物か、18 ホールですべてがわかる。（古諺）
- 君が来たときよりもいい状態にして、コースから立ち去れ。（ピーター・ヘイ）

何するの下半身だけ動き過ぎ

動かないボール打つのに動き過ぎ

動き過ぎ急いで力み軸がない

のんびりと飛んだボールに罪はない

## ゴルフの名言　ゴルフの楽しみ

- ゴルフってやつは、せっかくの散歩を台無しにしてくれる。
（マーク・トウェイン）

- ゴルフは自分の思い通りにいかない唯一のシャクのタネ。惚れてはいるけど好きではない。
（ウインストン・チャーチル）

腕を振るつもりで腕で振っている
手と腕でスイングするという誤解
その振りと真っすぐ飛ぶがつながらぬ
悪いのは手打ち横振り打ち急ぎ

ゴルフの名言　　ゴルフの楽しみ

ほんのしばらくの間いるだけだ。あせるな、くよくよするな、そして必ず途中の花の匂いをかぐのだ。

（ウォルター・ヘーゲン）

感性で打つと言うけど未完成

プロの技いいとこ取りという甘え

知は力 頭でっかち紙一重

理論好き言い訳さえも理論的

## ゴルフの名言

ゴルフの楽しみ

ゴルフは生死にかかわる問題じゃない。ただの遊びだし、そう扱うべきだ。気楽にしているべきだ。 (チ・チ・ロドリゲス)

するこことしてはいけないことだらけ
見て感じ考え試しまたダフる
数多く打つほど下手になるような
継続は力にならず冬が来る

## ゴルフの名言　ゴルフの楽しみ

まずゴルフを楽しみなさい。思い切りクラブを振る。たとえまぐれ当たりでも、それで一日が幸せになれる。　（ジョイス・ウェザレット）

「タメて打て」できずストレスタメていく

友のミス少し笑って俺もミス

しゃしゃり出る右を殺して打つ左

トンネルを抜けて力も抜けてくる

## ゴルフの名言　ゴルフの楽しみ

大空、雲、美しいアンジュレーションと白いバンカー。スコアカードから顔を上げて、本物のゴルフを楽しみなさい。

（ハロルド・ヒルトン）

人の振り真似てますます混乱し
人の振り見ても我が振り見えてない
直せないものはどうにも治らない
治らないものはだれにも直せない

**ゴルフの名言** **ゴルフの楽しみ**

ゴルフはスコアがすべてではない。むしろ、スコアに納まりきれない部分が面白いゲームと心得よう。（ボビー・ジョーンズ）

意識して無心になれという矛盾

「無欲で」と欲があるから思うこと

あきらめて満足すれば進歩なし

あきらめず満足もせず進歩せず

## ゴルフの名言　ゴルフの楽しみ

コースからスコアだけ持ち帰るものには友人はできない。誠実な人に対してゴルフは多くの友情と信頼をお土産にくれる。（赤星六郎）

開眼しスイング変えて同スコア
開眼をしても見えないことばかり
開眼が本物だったことはなく
今度こそ開眼したとまた思う

ゴルフの名言　　ゴルフの楽しみ

自分が楽しみたいのなら、他の人にもゆっくり楽しませてあげなさい。
（グレナ・コレット）

一つ知り二つ覚えてめざす百

五万発打って初めて知る甘さ

ゴルフでは方程式に解がない

すぐそこに見えるゴールが遠すぎる

**ゴルフの名言**　　**ゴルフの楽しみ**

- 人からゴルフに誘われて、やっと男も一人前。（赤星四郎）
- 肩から力が抜けて、ようやくゴルフも人生も一人前。（グレナ・コレット）

多すぎる基本と極意コツ秘訣
無理ですよ複雑微妙猛練習
古臭い知識で語る新打法
新打法読んで書棚で死んだ本

ゴルフの名言　　ゴルフの楽しみ

- 人生に必要不可欠なものが三つ、それは食事と睡眠とゴルフ。

（アーサー・バルフォア）

- 危篤と軽症の差はあるが、ゴルフをやる者はみんな病気。

（チ・チ・ロドリゲス）

女子ゴルフ俺はゴルフを見ていない

ミニスカのプロを追いかけゴルフ見ず

娘似のプロに叫んで睨まれる

テレビ見てプロに教えている私

**ゴルフの名言** ゴルフの楽しみ

ゴルフの一ラウンドは十八ホールからなっているが、真の完全なラウンドは、十九番ホール（ラウンド後のクラブハウスのバーでのゴルフ談議）でおわるのだ。

（ハーバート・アダムス）

タイガーにテレビ見ながらコーチする
病欠の友が映ったティーショット
録画よりライブで見たい最終日
激闘を眺めラーメン食べている

ゴルフの名言　　ゴルフの楽しみ

次こそは。(Next is Best.)　　(チャーリー・チャップリン)

ＣＭの隙間で見せる名勝負

真似てみたガッツポーズで肩壊し

優勝者真似てみようと妻とハグ

優勝のスピーチ真似て呆れられ

## ゴルフの名言 ゴルフとは

ゴルフを単なる娯楽とみなすものには、ゴルフは、いつまでも解きがたい謎となるだろう。 （ジョン・ヘンリー・テイラー）

# 19番ホール

# しあわせはラウンド前にありました

思い切り何度もキレて百切れず

煩悩の数だけ打って百八だ

お互いに百が切れずに仲がいい

百切りができない俺とできた妻

## ゴルフの名言　ゴルフとは

- ゴルフは学べば学ぶほど、学ぶことが多くなる。

（エルズワース・バインズ）

- ゴルフの唯一の欠点は、おもしろすぎることだ。

（ヘンリー・ロングハースト）

ヘタクソだ思う相手に十打負け
一打だけ負けた相手に自慢され
もうやめる言ってた奴が優勝し
ウサギにもカメにもなれずカモになる

ゴルフの名言　ゴルフとは

ゴルフは不思議なゲームだ。当たりはやってきたかと思うと過ぎさってしまう。そして誰もそれをとらえておくことはできないのだ。

（ボビー・ジョーンズ）

もし仮にタラレバならば自己ベスト

出ないのでショップで買った自己ベスト

人様に言えぬ自慢を妻に言う

飛び賞も飛ばして終わる我がゴルフ

## ゴルフの名言　ゴルフとは

- ゴルフは20パーセントが力学と技術である。残りの80パーセントは哲学、ユーモア、悲劇、ロマンス、友情、へそ曲がり、そして会話である。
（グラントランド・ライス）

お湯の中 話がはずむ似たスコア
お湯の中 友の懺悔を聞いている
湯舟では笑いのネタのミスショット
湯舟からさっきまでいた雨を見る

ゴルフの名言　ゴルフとは

諧謔と皮肉のゲームが人生をとても豊かにしてくれた。私はゴルフに深く感謝する。
（アガサ・クリスティ）

タラレバにため息交じるお湯の中

タラレバを言える仲間のありがたさ

忘年会モシタラレバの残念会

秋の夜の酒の肴のタラとレバ

ゴルフの名言　ゴルフとは

誰が「より遠くへ、より正確に」などとたわごとほざいたんだ。そいつのおかげで俺の人生は散々だ。　（クエンティン・タランティーノ）

「今度こそ」願いむなしくまた今度
言い訳もゴルフの内と笑う友
金もないヒマもないけどまた来ます
また今度来たら必ず「今度こそ」

## ゴルフの名言　ゴルフとは

人生の最後にいくらの財産を得たかではない。何人のゴルフ仲間を得たかである。
（ボビー・ジョーンズ）

朝期待昼間落胆夜懺悔
朝元気昼空元気夜病気
朝笑顔昼間溜息夜無言
しあわせはラウンド前にありました

ゴルフの名言 ゴルフとは

「なぜゴルフをするのか？」という問いに、私は同じような答えを用意したい。「なぜ、ゴルフをしないのですか？」と。

（ゲーリー・プレーヤー）

四苦八苦悪戦苦闘芝散歩

炎天下青息吐息球遊戯

自暴自棄難行苦行芝刈記

宇宙人解析不能地球人

### ゴルフの名言 ゴルフとは

ゴルフを見れば見るほど、私は人生を思う。いや、人生を見れば見るほど、私はゴルフを思う。（ヘンリー・ロングハースト）

クラブ振れば夢まぼろしのごとくなり
クラブ売れば夢まぼろしのごとくなり
倶楽部来れば夢まぼろしの日々となり
クラブ振れば夢まぼろしのゴルフ道

## ゴルフの名言　　ゴルフとは

私の亡きあと、相変わらず皆がゴルフに打ち興じるのかと思うと、死んでも死に切れない。　（ベンジャミン・ミルズ）

# あとがき

私が最初にゴルフを教わった人はたいへんマナーに厳しい人でした。

人が打つときは静かにしろ。真後ろに立つな。グリーン上でスパイクを引きずるな。ボールマークは必ず直せ。ボールの行方は人のもよく見ろ。旗竿は誰が持つかよく考えろ。ルールとマナーを身に付けてこそ、ゴルフの本当の楽しみが分かるのだと。

最初は大いにとまどい、たいへん厳しく感じたものでした。しかしそのおかげで、その後気持ちにゆとりを持ってゴルフを楽しむことができたのだと思います。

この人は、ゴルフができることに感謝しろというのが口癖で、同時に感謝するだけでもいけないのだと言っていました。ゴルフを単なる遊びではなく、はじめから文化として捉えていたのだと思います。

スイングについては、ただ竹ぼうきを振れとしか言いませんでしたが、決して手打ちのできない竹ぼうきは、スイング作りに大いに役立ったような気がします。

仲間同士のお楽しみゴルフから人生を賭けたプロの戦いまで、様々なゴルフがありますが、それだけにゴルフをするとその人の一面が少しだけ分かるような気がします。そんなことを思いながら、ふとしたきっかけでゴルフ川柳を作り始めました。

とんでもないミスショットに奇跡のようなスーパーショット、順調な時と想定外、喜びと悲しみ、落胆と有頂天。ゴルフには川柳のネタがいくらでも転がっています。

ゴルフの後、川柳でゴルフをもう一度楽しみます。昼間の自分が可笑しく、人生を想うこともあり、言葉遊びも楽しみます。ボールは自由に扱えませんが、言葉は自由です。

ゴルフを楽しみ、川柳にハマり、どちらも面白いから今まで続いたのだと思います。

そうしてできた拙いゴルフ川柳を、今回新葉館出版が本にする機会を与えてくださいました。この幸運は、スパイクを引きずるなと叱ってくれたあの人に出会ったことから繋がっているのかもしれません。

ゴルフは昔から多くのことが語られてきました。人々はゴルフをどのように考えてきたのか。ゴルフを通じて何を見てきたのか。名言もまたゴルフの大きな楽しみの一つです。

ゴルフの名言を知るため、次の本のお世話になりました。

「不滅のゴルフ名言集」摂津茂和 著（ベースボールマガジン社）
「ザ・ゴルフ　ゴルフ名言集」久保田滋 編（出版芸術社）
「ゴルフの言霊　ゴルフ名言集Ⅱ」久保田滋 編（出版芸術社）
「奇跡のゴルフレッスン」ハービー・ペニック、バド・シュレイク著（マガジンハウス）
「ゴルフの達人」夏坂　健 著（日本経済新聞社）
「騎士たちの一番ホール」夏坂鍵 著（日本経済新聞社）
「ひと目でわかるゴルフの神髄」文＝加納徹也、画＝吉田郁也（光文社）
「中部銀次郎　ゴルフ珠玉の言霊」本条　強 著（日本経済新聞社）
「ゴルフ五輪書」青木　功 著（集英社）
「ゴルフ大全」マイケル・ホッブス編　夏坂　健訳（ゴルフダイジェスト社）
「GOLF SHORTS 1001 OF THE GAME'S FUNNIEST ONE-LINERS」
Glenn Liebman （CONTEMPORARYBOOKS）

特に「ゴルフ大全」は、名言が生まれた背景を理解するために、たいへん参考になりました。深く感謝申し上げます。

最後になりましたが、出版の機会を与えてくださった新葉館出版に心からお礼申し上げます。また新葉館出版の竹田麻衣子さんには、ひとかたならぬお世話になりました。ここに記して謝意を表したいと思います。

二〇一五年十月吉日

佐藤　幸史

# ゴルフがもっと好きになる
# 900の川柳と300の名言

○

平成28年2月14日　初版発行

著　者

**佐　藤　幸　史**

発行人

**松　岡　恭　子**

発行所

**新　葉　館　出　版**

大阪市東成区玉津1丁目9-16 4F　〒537-0023
TEL06-4259-3777　FAX06-4259-3888
http://shinyokan.jp/

印刷所

亜細亜印刷株式会社

○

定価はカバーに表示してあります。

ISBN978-4-86044-614-7